Commémoration
de
Stuart Merrill
à
Versailles

23 juin 1929

TROIS PORTRAITS DE STUART MERRILL, DIVERS DOCUMENTS CONCERNANT LA CÉRÉMONIE, LA MAISON OU EST MORT LE POÈTE ET LA PLAQUE COMMÉMORATIVE REPRODUITS EN PHOTOTYPIE

PARIS
MERCVRE DE FRANCE
XXVI, RVE DE CONDÉ, XXVI

MCMXXX

COMMÉMORATION

DE

STUART MERRILL

A

VERSAILLES

LE 23 JUIN 1929

TIRAGE LIMITÉ A 300 EXEMPLAIRES

EXEMPLAIRE N°

247

STUART MERRILL

Commémoration

de

Stuart Merrill

à

Versailles

23 juin 1929

TROIS PORTRAITS DE STUART MERRILL, DIVERS DOCUMENTS CONCERNANT LA CÉRÉMONIE, LA MAISON OU EST MORT LE POÈTE ET LA PLAQUE COMMÉMORATIVE REPRODUITS EN PHOTOTYPIE

PARIS
MERCVRE DE FRANCE
XXVI, RVE DE CONDÉ, XXVI

MCMXXX

Dans sa séance réglementaire du 18 décembre 1928, l'Académie de Versailles, approuvant par un vote unanime la proposition de son Président M. Marcel Batilliat, a décidé de faire apposer une plaque commémorative sur la façade de la maison sise 22, boulevard du Roi, afin de rappeler que Stuart Merrill y a vécu ses dernières années et y est mort le 1er décembre 1915.

Cette plaque commémorative, exécutée d'après le dessin de M. Lucien Rion, a été inaugurée solennellement le dimanche 23 juin 1919, à onze heures, en présence de Mme Stuart Merrill, de la famille et des amis du poète, des membres de l'Académie de Versailles, des représentants des Ministres de l'Instruction Publique et des

Affaires étrangères, du représentant de l'Ambassadeur des Etats-Unis, de la Municipalité de Versailles, ainsi que des diverses autorités du Département.

Les discours ci-après ont été prononcés, et un poème de M. A. Ferdinand Herold a été déclamé par Mme Colonna Romano, sociétaire de la Comédie-Française, qui a lu également quelques poèmes de Stuart Merill.

DISCOURS DE M. MARCEL BATILLIAT

PRÉSIDENT DE L'ACADÉMIE DE VERSAILLES

Madame,
Mesdames,
Messieurs,

Au nom de l'*Académie de Versailles*, qui a pris l'initiative de cette auguste commémoration ; au nom des admirateurs de Stuart Merrill, au nom de ses amis fervents et fidèles, j'ai l'honneur de remettre à la Municipalité de Versailles l'inscription lapidaire qui doit rappeler qu'un grand poète, noble entre tous, est venu se recueillir dans cette maison ; et qu'ici, hélas ! a cessé de battre un grand cœur.

Notre Ile-de-France est riche de semblables souvenirs ; il s'y rencontre plus d'un seuil dont on ne saurait s'approcher sans une religieuse émotion. C'est, à Magny-les-Hameaux, la retraite villageoise où Albert Samain vint s'endormir en silence, ainsi qu'il l'avait souhaité ; — c'est, à Saint-Cloud, la demeure d'où Emile Verhaeren contemplait sereinement le tumulte de Paris, et qu'il ne devait quitter que pour s'en aller au devant de la mort. A Versailles même, le plus glorieux passé s'évoque à chaque pas.

Cependant, Messieurs, les quelques lignes gravées sur ce marbre prennent une signification exceptionnelle : elles dépassent l'hommage que nous voulons rendre à un mort qui mérite d'être admiré autant que d'être aimé.

Elles signifient d'abord qu'en pleine maturité le poète des *Quatre Saisons* est venu chercher ici, avec le bonheur et la paix, le cadre de beauté qui convenait à son génie, à sa méditation, à la générosité de son âme fière.

Mais elles signifient plus encore. A quelques pas de l'ancien Hôtel royal des Affaires étrangères, où fut signé le premier traité de Versailles qui fit des Etats Unis d'Amérique une nation libre et souveraine de ses destinées, ce marbre rappellera au passant qu'à une certaine altitude d'esprit, les différences de race s'effacent et disparaissent, puisque l'enfant de Long-Island, le compatriote de Walt Whitman, a pu devenir, sans rien abdiquer de sa nationalité,

M. MARCEL BATILLIAT
Président de l'Académie de Versailles
prononçant son discours

l'un des plus purs artistes et des plus parfaits poètes de la France contemporaine.

Le rapprochement de ces deux noms : Hampstead, Versailles, scelle un pacte de plus entre deux grandes nations amies. Et ceci atteste que dans le domaine de l'art, de l'idéal et de la pensée, les âmes les plus nobles peuvent, au-dessus des frontières ou des océans, découvrir le jaillissement de lumière où se crée leur unité spirituelle.

Monsieur le Maire de Versailles,

Nous vous remettons, nous remettons à la Municipalité dont vous êtes le chef vénéré, la plaque sur laquelle est gravé le nom de Stuart Merrill.

Ce nom est digne de Versailles, car il est le nom d'un grand poète. Un grand poète, vraiment, celui qui, parmi tant de belles strophes dont l'inspiration et la facture ont contribué à rénover la prosodie française, a écrit ce vers splendide, ce vers qui résume toute sa pensée et sa foi, sa vie droite et son heure dernière, ce vers qui le juge et qui suffirait à l'immortaliser, ce vers enfin qui mérite de se fixer dans nos mémoires comme une épitaphe sur la pierre du tombeau :

Je puis mourir sans peur, ayant vécu sans haine.

DISCOURS DE M. YVES LE COZ

MAIRE DE VERSAILLES

Mesdames,
Messieurs,

C'est le privilège des villes riches d'un passé glorieux d'attirer à elles les artistes et les poètes : Venise, Rome, Florence les ont inspirés ; ils y ont vécu par intermittence et ils nous en ont rapporté des chefs-d'œuvre.

Versailles aussi a attiré les poètes ; mieux partagée, peut-être, elle a su en outre les retenir.

Et parmi leur chœur harmonieux, il m'est doux de saluer ici la mémoire de l'un des plus noblement inspirés, Stuart Merrill, qui y vécut et qui y mourut.

Mesdames,
Messieurs,

Quand les hommes de ma génération avaient vingt ans, ils connaissaient une poésie faite de grands coups d'ailes et de souffles puissants : Lamartine, Hugo, Musset étaient nos dieux et la poésie lyrique nous apparaissait toujours comme un hymne ou comme un essor.

Puis, nous avons aimé l'inspiration concrète et précise d'une école alors nouvelle, celle des Parnassiens : Gautier, Leconte de Lisle, Heredia, Baudelaire, Banville, Sully Prudhomme, Coppée, et combien d'autres ? ont su contenter notre amour du Beau.

Et voilà que, vers 1885, une musique nouvelle s'est fait entendre, timidement, d'abord, étrange et prenante.

Le vers que nous avions connu large et nombreux se désarticulait ; de descriptif qu'il était, il aspirait à n'être plus qu'une musique, et l'on nous révéla Verlaine et Mallarmé.

Ce fut pour nous, hommes déjà faits, une révélation pénible, je dois le dire. Il nous semblait que la nouvelle école, — dont les tendances étaient, bien entendu, aggravées par des néophytes soucieux surtout de réclame, — il nous semblait, dis-je, que cette nouvelle école poétique française perdait brusquement ses précieuses qualités de mesure, de goût, de pondération qui avaient fait l'éclat de notre poésie classique et que n'avaient pas dédaignées les poètes de l'école romantique.

Un esprit nouveau, qui nous paraissait diabolique, soufflait dans des vers outranciers et agressifs, — ou, du moins, qui nous semblaient tels ; et cela révoltait nos âmes accoutumées à plus d'ordre et de sérénité.

Mais, peu à peu, le charme opéra ; Verlaine nous séduisit ; Henri de Régnier, Albert Samain, Francis Jammes, Charles Guérin nous révélèrent leur charme exquis, et toute une pléiade de poètes nouveaux nous initia aux joies troublantes du symbolisme.

Nul, parmi eux, ne fut plus pur, plus musical, plus fervent de l'universelle Beauté que Stuart Merrill.

Des voix autorisées diront tout à l'heure ce que fut le poète ; elles rappelleront sa haute culture, son adoration pour Wagner, pour les primitifs, pour les préraphaélites, pour nos symbolistes ; elles proclameront la grandeur d'un esprit qui fut, suivant sa noble définition, un Poète, c'est-à-dire « celui qui rappelle aux hommes l'Idée Eternelle de la Beauté dissimulée sous les formes transitoires de la Vie imparfaite », et qui fit de cette Beauté une des conditions de la Vie idéale, au même titre que la vertu et que la vérité.

M. YVES LE COZ
Maire de Versailles
prononçant son discours

Et c'est parce qu'il mêlait intimement au fond de lui-même le vrai avec le beau et avec le bien, qu'il n'a pas hésité à aller vers le peuple, non pas pour se pencher sur lui, mais pour l'élever jusqu'à la compréhension de l'art.

Il considérait la société moderne comme un poème mal fait, qu'il s'agit de corriger, et c'est pour y parvenir qu'il n'a cessé de travailler au relèvement moral de la masse, à l'éducation de l'âme populaire.

La studieuse retraite qu'il avait trouvée ici même ne fut donc jamais une tour d'ivoire ; un cœur battait chez ce poète.

Vous le savez mieux que personne,

Madame,

en qui je salue celle qui fut pour l'écrivain la compagne affectueuse, l'inspiratrice, la Muse et qui, après avoir soutenu naguère ses forces défaillantes, savez faire si pieusement depuis tout ce qui doit assurer la pérennité de son œuvre et de sa mémoire.

Je ne sache pas que Stuart Merrill ait jamais chanté Versailles ; mais il m'est permis de supposer que beaucoup de ses poèmes doivent leur beauté et leur mesure à l'harmonie qu'il trouvait dans nos Parcs et dans nos avenues silencieuses.

C'est le souvenir de ce doux et charmant poète qui vivra à jamais dans notre ville, grâce à cette plaque de marbre.

Au nom de la ville de Versailles. j'ai l'honneur de la recevoir des mains de l'Académie de Versailles, qui veut bien nous en confier la garde.

Je vous en remercie,

Monsieur le Président,

et je puis vous assurer que nous veillerons soigneusement sur elle, pour entretenir au cœur des jeunes générations le culte de Stuart Merrill, poète français.

PENDANT LES DISCOURS

DISCOURS
DE M. CHARLES-HENRY HIRSCH
REPRÉSENTANT LA SOCIÉTÉ DES GENS DE LETTRES DE FRANCE

C'est avec une émotion très profonde que j'ai accueilli l'honneur de parler, au nom de la Société des Gens de Lettres de France, devant cette maison où Stuart Merrill est mort.

Quand je l'ai approché, il était déjà l'auteur des *Gammes* et des *Fastes*. Son affectueux sourire aux belles dents invita aussitôt mon admiration de cadet à devenir de l'amitié. Elle a duré toute notre jeunesse. L'âge mûr la fortifia. Elle demeure, parce que notre immortalité certaine dépend de la mémoire que nous gardent quelques hommes. Ceux qui ont connu Stuart Merrill conservent de lui l'image d'une sorte de paladin moderne, rigoureux à qui s'écartait de la droiture et fraternel à toute souffrance imméritée. Son œuvre a jailli d'une âme haute que n'abaissa jamais aucune des compromissions où la dignité des meilleurs est mise en éclipse. Son existence fut d'un artiste et d'un homme bon jusqu'au courage. Sensible à toute expression du rêve ou de la pensée, par la plume, le pinceau, l'ébauchoir ou le compas, il aima, avec l'intelligence d'un dilettante raffiné, les livres, les tableaux, la sculpture, les créations des architectes, la musique, enfin, qui exprime, du battement de ses grandes ailes invisibles, l'immensité où se rejoignent la peine et la joie de vivre, dans le décor aux mille aspects de notre terre, ce globule qui roule. Mais la sensibilité de Stuart Merrill tendait à une vertu, dès que l'animait une plainte humaine, qu'elle émanât d'un isolé malheureux ou de la misère collective.

Il appartenait à cette génération enthousiaste qui découvrit Verlaine, Mallarmé et Villiers de l'Isle-Adam, lorsque s'éteignaient les feux apothéotiques dont la France salua l'entrée de Victor Hugo au panthéon universel où survivent les mortels que leur génie a changés en dieux.

Il était issu d'une famille américaine où l'on tenait encore l'Europe pour une conseillère indispensable à la formation intellectuelle d'un jeune homme. Il alla étudier en Allemagne. Ensuite, la séduction française le naturalisa au point d'en faire un Parisien d'élite et un poète dont l'originalité n'a rien d'étranger à la langue qu'il emploie en maître, dans des pièces plastiques, harmonieuses, d'une couleur et d'une inspiration toujours personnelles.

Le sort abuse en secret notre puérile volonté de satisfaire nos préférences. Il a mystérieusement choisi Versailles pour le point de départ et le lieu d'arrivée de la belle courbe qui figure à nos yeux l'existence de Stuart Merrill. Il a rendu son dernier souffle dans cette ville qui inspira ses premiers vers. C'est ici, pour l'émerveillement des oreilles délicates — jusqu'à ce qu'il en subsiste une paire d'accessibles encore à la poésie — que sa muse nouvelette, entendant *La Flûte*, lui dicta le sonnet fameux dont notre allègre jeunesse lançait les tercets aux feuillages, lors de nos visites à la campagne, les dimanches :

> Le fol effroi des vents, avec des frous-frous frêles,
> Se propage en remous criblés de rayons grêles
> Du smaragdin de l'herbe au plus glauque des bois :
>
> Et de tes trous, Syrinx, jaillissent les surprises
> Du grave et de l'aigu, du fifre et du hautbois,
> Et le rire et le rire et le rire des brises.

C'est le parc versaillais, témoin des rois, de leur grandeur, de leurs plaisirs, de leur effacement par l'aube frémissante du peuple, que Merrill chanta de sorte à débusquer des taillis tout un monde de pimpants fantômes. Il n'est pas invraisemblable de croire que les plus hardis de leur troupe légère se frôlent à nous, en ce moment même, si près de la chambre où leur animateur acheva son destin.

Bleus de lune, au vert des massifs,
Les jets d'eau tintent dans les vasques,
Et c'est, parmi les petits ifs,
Comme des rires sous des masques.

En poudre et paniers Pompadour
Et des roses pompons aux lèvres,
Les marquises miment l'amour
Avec des manières si mièvres !

O le frisson des falbalas,
Le bruissement des brocatelles,
La lassitude des lilas,
La vanité des bagatelles !

Vite parvenu à la maîtrise, Stuart Merrill ne cessa jamais d'apprendre son art, sans autre dessein que d'en être un loyal serviteur. Toutefois son contact nous empêchait d'oublier que la justice et la liberté sont des idéaux nécessaires. Il les défendait à la moindre atteinte. Lui, si gai, bon vivant avec une parfaite distinction de tenue et d'esprit, il s'attristait du dol infligé à un inconnu et il agissait avec une crâne audace pour en obtenir réparation. Doucement ferme, il nous tirait de nos petites tours d'ivoire. Il nous obligeait à quitter les symboles où nous cherchions la réelle beauté, pour accorder un regard à la peine trop réelle des hommes. Lors de la guerre du Transvaal, un poème de Stuart Merrill nous bouleversa tous, littéralement, à sa parution dans le *Mercure de France*. C'était un chant qui célébrait la facilité de vivre, les jardins, le soleil, la paix. Chaque strophe, ample et chargée de richesses, aboutissait à ce vers simple, répété de manière à progressivement battre le rappel de nos consciences à la vérité tragique du drame qui se déroulait au sud africain :

On se bat, là-bas, au bout du monde,

nous avertissait le poète.

Nous pouvons l'assurer : la longue et terrible guerre de 1914 à 1918 a hâté la fin de Stuart Merrill. Son cœur, durant ces quatre années, a trop battu d'angoisse pour les millions d'existence en péril. Il était le cœur d'un grand poète et d'un grand honnête homme. Il accordait la joie du bon travail à celle d'admirer les œuvres du prochain. Les temps actuels, où la force avilissante et brutale de l'argent modifie les mœurs jusque chez d'authentiques artistes, eussent probablement chagriné ce Français d'adoption qui fut un Américain de la belle race d'un George Washington.

C'est pour l'œuvre du poète pur et humain des *Quatre Saisons*, c'est pour la noblesse de sa vie, que la Société des Gens de Lettres de France lui apporte son hommage, au seuil de la demeure où il termina ses jours et qu'un marbre consacre justement à son souvenir bien-aimé.

DISCOURS DE M. ANDRÉ DUMAS

PRÉSIDENT DE LA SOCIÉTÉ DES POÈTES FRANÇAIS

Mesdames, Messieurs,

M. Marcel Batilliat a bien voulu, au nom de l'Académie de Versailles, me convier à prendre part à la cérémonie de ce matin. Mais, si flatteuse fut-elle, j'aurais décliné l'invitation si je n'avais dû apporter à un pur artiste le juste et fervent hommage de la Société des Poètes Français. C'est que, seul peut-être des orateurs inscrits, je n'ai même jamais vu Stuart Merrill, et n'ai rien, absolument rien à dire de neuf ou de personnel. Pourtant, dès le lycée, j'ai connu ses premiers poèmes. Dans ma rhétorique nîmoise, tout le monde faisait des vers, même les professeurs. Curieux de toute nouveauté, nous lûmes les *Gammes* dès leur apparition. Que de fois, l'automne venu dans le jardin de la Fontaine, ai-je vu le *fol effroi des vents* se propager en *frou-frous frêles !* Que de fois ai-je cru sur-

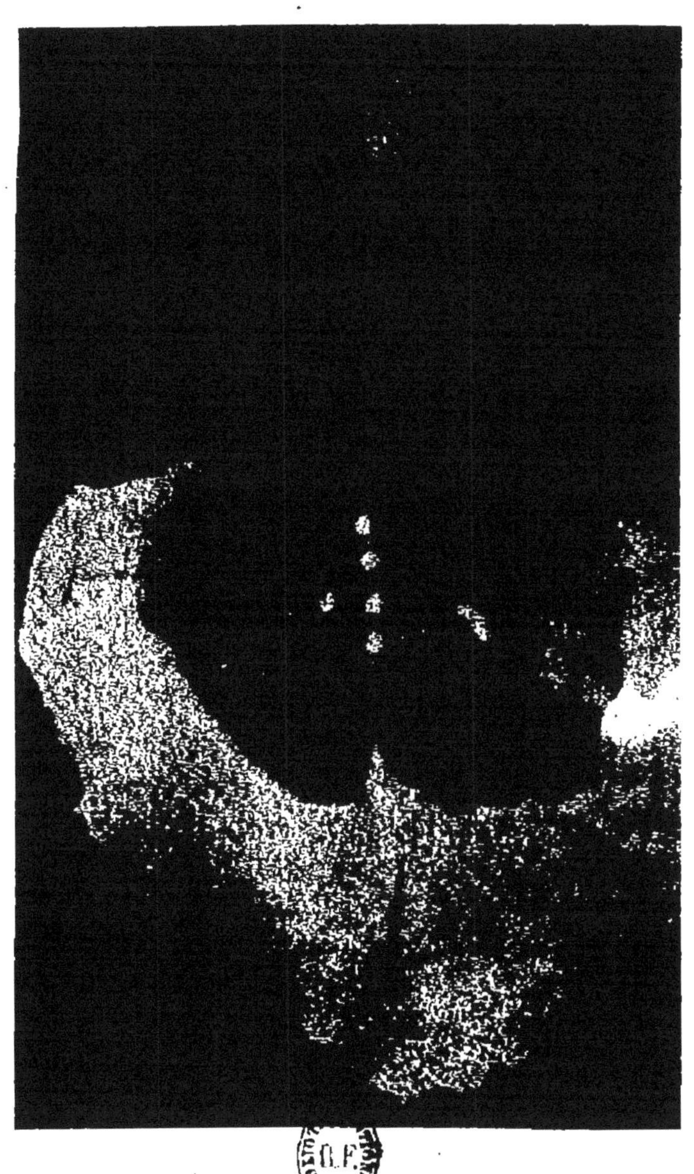

STUART MERRILL ENFANT

prendre, parmi les pins qui grimpent vers la Tourmagne, *l'ironique pipeau d'un sylvain puéril* ! « De la musique avant toute chose ! » avait dit Verlaine. Les *Gammes* semblaient réaliser, avec leurs ingénieuses allitérations, tout ce que notre poésie peut offrir de plus musical. Le procédé, tout de même, restait artificiel et le poète fut le premier à le comprendre.

Les *Fastes,* qui parurent ensuite, étaient bien dans le goût de l'époque. Des figures de légende glissaient parmi des paysages de rêve, et l'on sait quelle dépense le symbolisme a faite de forêts vespérales et de jardins lunaires, de vasques et de boulingrins, de Chevaliers casqués d'or et d'Infantes hiératiques. Notre poète d'outre-mer aimait les jolis mots français, bruissants comme des coquillages et chatoyants comme des pierreries, et les enchâssait en ses vers étranges, somptueux et crénelés de rimes rares. C'était, si l'on veut, un symboliste parnassien. Mais la vanité des mots et des images, tout bon poète, tôt ou tard, finit par la sentir. Samain, un jour de lassitude, *prend en dégoût le carton du décor* et *rentre enfin dans la vérité de son cœur*.

Merrill voit bien que l'Art, la Beauté, même avec des majuscules, ne valent pas l'humble et fraternel amour. Il était très bon, très doux, et, jeune encore, s'était passionné pour les œuvres américaines d'éducation populaire et de relèvement. Dans son recueil des *Quatre Saisons*, sa Muse s'attendrit et s'humanise. Il écoute moins les cloches d'Ys pour mieux entendre celles de la vie. Les poings de tous ceux qui luttent, et qui souffrent, frappent à sa porte comme un appel de sa conscience, et le dernier poème du livre semble annoncer un grand poète social. Mais le poète selon Jaurès, qui parle au peuple, glorifie le travail et la justice. prépare une aube sereine de paix et de fraternité, Stuart Merrill ne pouvait le devenir. Entre l'artiste raffiné qu'il fut et le poète apôtre qu'il put rêver d'être l'antithèse était trop flagrante.

Tennyson aima les petits et les pauvres, mais soucieux de la perfection, resta le délicat poète des *Idylles*. Henri Heine se crut l'âme d'un tribun, mais fut le poète de l'*Intermezzo*. Le sort de Merrill fut à peu près semblable, Il vécut. souffrit, perdit le bel orgueil de sa jeunesse, fut « une voix dans la foule », et dans son dernier livre, sur un ton plus ému et plus grave, chanta l'éternel poème de l'amour et de la mort. Il n'a pas réformé le monde, mais il a laissé des lieds adorables. Poète, il a rempli sa tâche sur la terre en répandant de la tendresse et de la beauté. « Donner sa fleur, puis son fruit... Quoi de plus ? » a dit Renan. Stuart Merrill a généreusement offert les fleurs de sa gerbe et les fruits de sa corbeille. La Société des Poètes Français ne perdra pas son souvenir.

DISCOURS DE M. GASTON RAGEOT

PRÉSIDENT DE L'ASSOCIATION DE LA CRITIQUE LITTÉRAIRE

Au nom de l'Association de la Critique littéraire, dont il est le Président, M. Gaston Rageot a prononcé un discours qui a été fort admiré et longuement applaudi.

Tout en étudiant le talent très personnel de Stuart Merrill et la singulière harmonie dont il a enrichi la musicalité verlainienne, M. Gaston Rageot s'est attaché à dégager le sens mystique de la vie collective que le poète tenait peut-être de ses origines anglo-saxonnes. Malheureusement, ce magnifique discours était improvisé, et il n'a pas été possible d'en recueillir le texte.

DISCOURS
DE M. ALBERT MOCKEL
DE L'ACADÉMIE ROYALE BELGE DE LANGUE ET LITTÉRATURE FRANÇAISE

au nom des Amis de Stuart Merrill

Au nom des amis de Stuart Merrill, à mon tour je dirai quelques mots.

Si tous ceux qui l'ont aimé se trouvaient parmi nous, quelle foule serait ici assemblée! La mort, hélas, a emporté maints vieux compagnons du poète, maints frères d'armes dont il fut la lumière et la flamme aux temps héroïques du symbolisme... Ceux qui demeurent gardent le souvenir du cœur le plus exquis, de l'esprit le plus généreux qui aient pu s'offrir à leur dilection.

L'élan de sympathie qu'éveillait Stuart Merrill, nul n'y pouvait résister. On le sentait naître doucement en soi, on ne songeait pas à s'en défendre, et déjà l'on était délicieusement emporté.

Si j'évoque les impressions de ma première jeunesse, je me revois auprès de Stuart Merrill et dans son cercle familial, pendant un long séjour en Allemagne où nous découvrions tous deux les peintres primitifs. Quelle chaleur d'âme il y avait en lui! quelle spontanéité jaillissante, quelle ivresse devant la beauté! Tout de suite j'avais été conquis, et c'était là chose assez naturelle puisque nous avions les mêmes emballements ingénus, les mêmes illusions, la même intransigeance. Mais un nouveau venu se joignait-il à nous, — qu'il s'agît d'un orgueilleux Borusse ou d'un humble militant socialiste, bientôt je le voyais vaincu, réduit en esclavage par cette juvénile ferveur et cette loyauté.

Deux ans plus tard, quand il revint des Amériques où il avait suivi les siens, Merrill s'empara de la France comme d'une fiancée longtemps promise et que l'on épouse enfin. A peine débarqué il avait déjà séduit le boulevard Saint Michel et ce quartier latin où il voyait le cœur de Paris et, pour ainsi parler, le cœur du cœur de la France. Qu'il parût au « Vachette » ou à « la Source », aux rédactions de *la Plume*, de *l'Ermitage*, ou du *Mercure*, il y amenait avec lui comme une rumeur d'allégresse. Parmi les poètes, les aînés les plus renfrognés l'accueillaient d'un sourire manifestement ravi; les jeunes se pressaient autour de lui, quêtant les avis qu'il donnait avec une cordiale franchise; et s'il m'est permis de citer leurs compagnes je révélerai que, très gentleman, un peu romanesque et s'efforçant en vain de paraître bohême, Stuart Fitz Randolph Merrill montrait pour elles une grâce tour à tour familière et distante, mais que toutes voyaient en lui le Prince Charmant.

On l'adorait; et, chose singulière, il croyait n'être pas aimé.

D'une première éducation très austère, il avait gardé un rien de timidité que ses amis les plus intimes étaient seuls à connaître. Et aussi, — et surtout! — cet homme au large cœur exigeait tant de lui-même, lui qui n'exigeait rien de personne, qu'il s'imaginait toujours n'avoir pas assez fait. Il subventionnait de ses deniers une revue de poésie; aux confrères trop légers de pécunes, sa bourse était toujours ouverte; à un vague publiciste sans abri, il offrait le couvert et le gîte. Pour tous il avait de chaleureuses paroles, de ces mots fraternels qui redressent l'énergie et réconfortent la douleur. L'extrême bonté de Merrill nous touchait en nous émerveillant. Lui-même la jugeait encore trop bornée. « *Il peut être digne du nom de poète* », disait-il parfois. Cela signifiait, dans sa pensée, qu'il faut garder intacte sa fierté, comme un Vigny, comme un Goethe, mais s'épanouir à l'amour de tous les êtres comme un saint François d'Assise.

Oui, certes, il y avait chez Merrill un vrai cœur

de poète, un cœur à la fois héroïque et sensible. On découvrait en lui un esprit lumineusement ouvert, et l'âme la plus haute, l'âme la plus noble qui se pût rencontrer. Mais la suprême séduction de cette âme-là, c'en était la fraîcheur exquise. Merrill avait su conserver l'âme claire d'un adolescent. Toute chose en faisait frémir la surface limpide; toute chose en émouvait profondément les ondes, et y apparaissait nouvelle comme au premier matin.

Dans cette transparence où baignaient et plongeaient ses racines, une rare et magique fleur s'était épanouie : je veux dire ce « don de jeunesse » par quoi Stuart Merrill nous étonnait et nous captivait sans le savoir. Comme la jeunesse, il était toute générosité, il était toute flamme! Vous vous en souvenez, vous Ferdinand Hérold, Philippe Berthelot, André Fontainas, Alfred Vallette, Armand Point, vous ses amis les plus proches. Vous n'avez pas oublié ce rayonnement de vie, ce rayonnement de joie!

Si la douleur entrait dans sa maison, il accueillait d'un plein courage la dure visiteuse, et avouait son mal. Puis la vie triomphait encore, et chantait avec une ferveur renouvelée la victoire d'un cœur qui méprise les larmes.

Sous cette force lumineuse, il y avait d'ailleurs les grâces plus cachées d'une mélancolie qui se manifeste, chez l'écrivain, par des symboles nostalgiques; et Stuart Merrill gardait jalousement, comme un trésor secret, une tendresse réservée à l'extrême, une tendresse inquiète et frémissante dont les joyaux les plus délicats furent offerts à la fiancée qui devint sa compagne, — à Mme Stuart Merrill que je salue ici, au nom de tous nos amis, avec un affectueux respect.

Mais, je le dis encore, le miracle de cet être charmant, c'était sa joie émerveillée. Joie devant la nature, joie devant les candeurs de l'enfance, les altitudes de la pensée ou les splendeurs de l'art. Joie de toute sa personne, joie radieuse, joie vivante! Joie pure et saine comme était saine et pure sa grande âme de poète. Joie faite de vaillance, mais née de bonté. Joie exultante du héros qui se sacrifie et qui ne sait haïr. Joie religieuse aussi, en son abnégation.

Les apôtres sont joyeux, dit-on; ils voient en leur pensée rayonner l'image de leur Dieu... Apôtre de l'Amour, apôtre de l'éternelle Poésie, Stuart Merrill pouvait écouter en lui-même une idéale Musique. De son cœur à ses lèvres, deux voix émouvantes s'élevaient tour à tour et parfois unissaient leurs paroles. Et ces deux voix étaient pareillement divines.

L'une, douce et profonde, disait la Pitié qui se donne. L'autre, puissante et suave, chantait la mélodieuse Beauté.

DISCOURS DE M. PHILIPPE BERTHELOT

AMBASSADEUR DE FRANCE REPRÉSENTANT LE MINISTRE DES AFFAIRES ÉTRANGÈRES

C'est envoyé par le ministre des Affaires étrangères que je viens ici célébrer avec vous la mémoire de Stuart Merrill, citoyen américain et poète français.

Sa forte éducation, nourrie des littératures de l'Angleterre, de l'Allemagne, de l'Italie, le fixa définitivement en France, qui fut sa patrie d'élection. Nous sommes fiers de son choix et heureux de nous trouver ici réunis si nombreux pour commémorer son nom.

Ame de poète, pleine de ferveur, il préféra une vie discrète et intime, intellectuelle et sentimentale aux succès éclatants que son nom, son talent, sa fortune, ses relations lui promettaient en France comme en Amérique. Il a toujours pensé que ce n'est pas être dupe que d'être heureux. Et vous le savez bien, madame, vous qui avez enchanté de votre grâce toutes ses heures.

Altruiste, il ne pensait pas comme la cynique princesse de Ligne : « Décidément, je n'aime pas les autres ». Emu par la souffrance humaine, son cœur généreux le rapprocha du peuple. Il n'hésita pas à encourir le désaveu de sa famille par un socialisme agissant, profondément sincère, qui n'avait rien du dilettantisme. Il disait comme Wilde : « Le riche et le pauvre sont frères. Mais le riche s'appelle Caïn ».

Il avait abandonné la religion de Dieu pour celle de la Beauté et de la Fraternité humaine. Il n'était pas de ces hommes qui ont besoin d'une cause finale et d'une explication du monde pour vivre et mourir.

C'est surtout l'ami qui reste dans mon souvenir fidèle. Je n'oublierai jamais son idéalisme, sa modestie, le son si franc et gai de son rire, l'extrême délicatesse de son commerce. Comme tous les poètes, il était fait de l'étoffe de ses rêves. Dans ses vers, la musique se mêle à la poésie. Son chant naissait à la fois de son accord avec la nature et de son amour des musées et des livres.

Dans ses derniers jours, un présage mélancolique l'effleurait parfois : il sentait qu'il ne vivrait plus longtemps, bien qu'il fût jeune encore. Mais il ne s'effrayait pas de l'ombre de la mort et récitait parfois les beaux vers du poète persan :

> L'enfant naît en pleurant au milieu des sourires
> Et le vieillard meurt en souriant au milieu des larmes.

Pour nous, Stuart Merrill n'est pas disparu : il reste parmi nous. Il vit dans la mémoire de ses amis qui n'ont gardé de lui que des images délicates de générosité, de beauté, de cette poésie qui laisse après elle des traces lumineuses, ineffaçables.

Nous ne sommes séparés de lui, comme le disait Mallarmé, dont il a toujours admiré le génie exquis, que par

> Ce peu profond ruisseau calomnié, la mort.

DISCOURS DE M. POL NEVEUX

DE L'ACADÉMIE GONCOURT
INSPECTEUR GÉNÉRAL DES BIBLIOTHÈQUES
REPRÉSENTANT LE MINISTRE
DE L'INSTRUCTION PUBLIQUE ET DES BEAUX-ARTS

Madame,
Monsieur le Maire,
Mesdames,
Messieurs,

Vous allez subir les hasards de la vie officielle et au lieu d'un poète vous entendrez un fonctionnaire, venu pour apporter, avec toute son émotion personnelle, l'hommage du Gouvernement à la mémoire de celui qui, selon les paroles de Remy de Gourmont, « ne s'est pas embarqué en vain, le jour qu'il voulut traverser les Atlantiques pour venir courtiser la fine poésie française et lui planter une fleur dans les cheveux ». Lorsqu'avant hier M. le Ministre de l'Instruction publique, retenu par d'autres devoirs, m'a prié de le représenter à cette cérémonie, j'ai été tout d'abord inquiet de mon insuffisance à louer, comme il le mérite, ce noble Stuart Merrill qui n'est justiciable que de ses pairs. Et puis, vous l'avouerai-je, je me suis laissé tenter par le mélancolique attrait d'évoquer les souvenirs de ma jeunesse lointaine.

Je n'ai pourtant assisté qu'en témoin au crépuscule du Parnasse et je n'ai joué dans l'avènement du symbolisme que le rôle d'un spectateur. Aux soirées de Clarisse, entre les rochers de carton du *François Premier*, dans le silence nocturne des quais, et tandis que l'aube s'étirait sur le Luxembourg, je me suis borné à déclamer, avec tant d'autres, *Langueur* de *Jadis et naguère*, *le Ruffian* des *Cantilènes*, et, comme adieu au passé, le fameux sonnet aux rimes en omphe, et comme salut à l'avenir, le *Nocturne* déjà célèbre :

La blême lune allume en la mare qui luit...

Et je n'ai eu qu'une seule fois dans ma vie le bonheur de rencontrer Stuart Merrill. La victoire du symbolisme était alors si définitive qu'un schisme déjà la consacrait. Je rentrais de Moissac, où j'étais allé entendre sous les cèdres bleus de la falaise et les carolins du Tarn Raymond de la Tailhède psalmodier le *Tombeau de Jules Tellier* et l'*Ode à Jean Moréas* et je me trouvais, un jeudi de 1891, chez notre bien aimé Huysmans quand l'auteur des *Gammes* lui apporta un exemplaire des *Fastes* qui venaient de paraître.

Et voici que dans ma mémoire je revois un jeune homme svelte, d'une grâce et d'une séduction singulière. Un large front brillant et lourd de pensées, un visage resplendissant de vie intérieure, des traits empreints de générosité et de pureté, sous des cheveux ondulés comme ceux d'une statue gothique. Paré de belles ombres, le clair regard s'illuminait d'une candeur, d'une nouveauté charmante, fraîche et matinale. Merrill réunissait en lui les dignités et les élégances d'une aristocratie ancienne, la franchise et l'allant d'un peuple jeune. Grave et joyeux, il avait la religion de la Poésie et aussi la foi dans une humanité meilleure. Dès la première minute je me sentis attiré ; j'avais devant moi je ne sais quel éphèbe de Gustave Moreau, et aussi je ne sais quel redresseur de torts littéraires et sociaux, un droiturier allègre, un Perceval errant parmi les ancolies et les violiers d'une tapisserie du quinzième siècle.

Pendant qu'Huysmans roulait entre ses doigts de minces cigarettes, Stuart Merrill nous conta son dernier séjour aux Etats-Unis, comment il y avait servi son idéal socialiste tout en s'efforçant de faire comprendre et admirer nos maîtres novateurs, l'éclat de leur verbe, les nuances infinies et précieuses de leur sensibilité. Et tandis que se prolongeait l'entretien j'examinais avec surprise ce compatriote de Walt Whitman devenu le chevalier servant de Baudelaire, de Mallarmé et de Verlaine, cet Américain traducteur de Virgile, ce vaillant et junévile poète de France qui « nous venait d'outremer aux chants des sirènes celtiques ». Et il me sembla qu'à ses côtés, dans un de ces halos dont Odilon Redon entourait ses apparitions, flottaient encore les spectres mystérieux de Ligeia et de Morella...

Car cette jovialité était en réalité un masque qu'afin de ne pas endeuiller autrui sa bonté lui collait au visage. Dans le secret de son cœur, le fanatique de Swinburne et d'Edgar Poe était alors triste, profondément. Mais cette tristesse qu'il dissimulait si bien dans la vie quotidienne il l'exhalait librement dans ses premiers poèmes. « La vaine réalité de la vie le désole, a dit un de ses admirateurs, et ce qu'elle offre d'éternel, le Beau et le Bien, lui semblent le plus souvent inaccessibles. » Et pour un peu il s'écrierait à son tour : Ah ! tout est bu, tout est mangé, plus rien à dire !

Alors il nous conduit hors du monde, dans des régions où les événements et les idées n'ont plus qu'une existence atténuée et sont comme une manière de fantômes. Et il nous y incite à rêver avec lui, à rêver d'un rêve :

> Et je rêve de rêve à l'ombre du mystère !

et il s'abandonne à la vieille volupté de rêver à

la mort. Pour y chercher des analogies et des mythes tristes et superbes, il s'aventure dans ce moyen âge indéterminé qu'inventa le symbolisme pour le substituer à l'Inde védique des Parnassiens. Un moyen âge qui découle tour à tour des transpositions géniales de Wagner et du préraphaélisme déliquescent de Gabriel Rossetti et de Burne-Jones, voire de Boecklin. Et ce ne sont que donjons légendaires et forêts ténébreuses, habitées par les guivres, pleines de silence et d'effroi. Où sommes-nous ? Très loin en tout cas des poèmes de Chrétien de Troyes et des lais du comte Thibaut, des architectures clunisiennes et des statues de Reims, beaucoup plus loin que n'en pouvaient être les romantiques et notre Huysmans lui-même, dans sa magnifique et déconcertante *Cathédrale*. Mais qu'importe après tout, puisque ce moyen âge imaginaire, nous l'avons chéri éperdûment, que notre amour lui a conféré pour jamais une réalité, une vérité historique, et que ces fastueux décors qui enthousiasmèrent notre adolescence, Stuart Merrill a su les embellir encore de toutes les couleurs magiciennes, de toutes les gemmes et de tous les émaux de son talent.

C'est avec un art féerique qu'il se plaît à nous décrire les salles des palais enchantés, où les ors et les pourpres règnent parmi les armures et où l'on invoque le Graal tandis que le cor s'attriste aux bois d'automne. On est à la fin d'un

STUART MERRILL

grand règne et de belles aventures. La gloire, l'allégresse, l'élan vers la vie et le rire des brises, c'était hier. Et le poète se compare à un roi dépossédé que navre son impuissance et il s'écrie avec une répétition de mots qui se balançent et résonnent en nous comme des glas :

> Toujours vivre et mourir, revivre et remourir,
> N'est-il pas de néant final qui nous délivre,
> Mourir et vivre, ô temps ! remourir et revivre
> Jusqu'aux soleils éteints nous faudra-t-il souffrir ?

Parfois, pour échapper à ses tristesses, Stuart Merrill quitte la Brocéliande symboliste pour chercher refuge à Versailles. Après les évocations légendaires, les claires ordonnances classiques, après les maléfices sylvestres, la mélancolie des résidences royales où plane cette éternelle misère de tout dont a parlé Flaubert, Stuart Merrill pense trouver l'apaisement dans la majesté des perspectives, à l'ombre légère des charmilles, aux murmures des vasques et aux reflets des parterres d'eau. Et il s'y offre à son tour les fêtes galantes de Watteau, ce sublime poète « le plus aimable et le plus déterminé menteur, ont dit les Goncourt, versant ses sérénades à des assemblées indifférentes et blasées, où les corps simulent les gestes de la volupté, où les visages n'expriment qu'une satiété engourdie ». Le réconfort ne vient pas : Stuart Merrill n'est pas encore arrivé à l'âge que réclame Versailles et Versailles n'est pour cet Hamlet qu'un autre Elseneur.

Du moins lui reste-t-il dans cette vie deux consolations magnifiques, cette maîtrise des couleurs chatoyantes et cette virtuosité tendre et langoureuse de la musique où nul, sauf Henri de Régnier, ne le surpassa. Au début de sa carrière, il s'efforce de doter le vers français de la fluidité fleurie, de l'harmonie berceuse des strophes anglaises. Et « il se joue des musiques de mots » où les consonnes et les voyelles s'essaient à un langage rempli d'effets ingénieux et de sonorités rares.

Dans les *Petits poèmes d'automne* qui suivirent *Fastes*, l'inspiration se fait plus directe, plus tendrement éprise. Les fleurs familières, les pavots et les marjolaines, comme aussi les bois et les plages y interviennent à tout instant. Les oiseaux d'été, le clapotis et le bruit de lèvres des ruisseaux, la houle mystérieuse des moissons, y chantent de discrets accompagnements qui ressemblent à des cadences de romances paysannes et s'élèvent par moments, apportés confusément des lointains de la plaine. Et alors Stuart Merrill rencontre ces beaux accents nervaliens, si près de notre terre et, partant, de notre cœur. Certes il possède beaucoup de titres à notre admiration ; je n'en découvre pas un qui me soit plus cher que cette fraternité lyrique avec Gérard de Nerval.

Bien que dans les *Petits poèmes d'automne* la musique s'allie à la poésie d'une façon plus aisée, intime et discrète, le ton général continue à trahir les mêmes tourments, les mêmes angoisses. Mais n'est-il pas nécessaire d'inspirer la tristesse aux jeunes âmes, puisque de cette tristesse doivent jaillir nécessairement un jour les plus fiers éclats?...

Stuart Merrill est parvenu à la maturité. Suivons désormais Miss Marjorie Louise Henry qui, dans un très beau livre, a raconté avec une piété filiale, une sensibilité et une pénétration singulières les étapes spirituelles de la vie du poète, ses ambitions. ses peines et sa gloire.

Au lendemain de la publication des *Petits poèmes d'automne*, Stuart Merrill, tel Parsifal échappant aux Floramyes, se retire des jardins fabuleux du symbolisme. Mais dans sa délicatesse native, il s'éloigne sans reniements, sans manifeste public, ni scandale. « Simplicité, humanité, dit-il, voilà désormais mon expression poétique ; le poète doit donner aux autres le courage de vivre, donner l'espoir. Que l'amphore soit belle mais qu'il y bouillonne le vin des généreuses pensées ! » Le disciple de Swinburne est devenu celui de William Morris.

Et tandis que le divin Moréas s'isole dans des regrets et des amertumes sublimes, Stuart Merrill se tourne vers le réel qu'il a jusqu'ici ignoré. Il s'est fait paysan, il habite un heureux village de l'Ile-de-France, près des bois et près du fleuve. Et là, il comprend pour la première fois sans doute toute la majestueuse grandeur de la vie rustique. Il pénètre l'âme des choses, il découvre ses frères les arbres, il s'intéresse à ces travaux de la terre qui conduisent au divin. Du même coup il épouse plus étroitement toutes les joies et toutes les souffrances humaines. Plus que jamais il veut être dans ses poèmes le paladin de toutes les causes sociales : il croit au bonheur d'ici-bas, et avec la plus noble ingénuité à l'avènement de la justice, à la cité meilleure. C'est dans ce nouvel état d'esprit, à la Verhaeren, qu'il publie les *Quatre Saisons*. « Tout est changé, écrit Miss Marjorie Louise Henry : décor, sentiments, pensées, images, on ne peut rien concevoir de plus antithétique... »

Le poète continue sa route. Et, comme tant d'autres, il rencontre la désillusion et la peine. Pourquoi eussent-elles épargné cette proie si facile, cet être si tendre et si prompt à souffrir? S'il fut un instant blessé il a accueilli son mal sans colères et sans blasphèmes et il a trouvé l'oubli de lui-même dans la pitié que lui inspirent la misère et l'iniquité. Revenu à Paris, vaillamment il se jette dans la bataille pour la vérité et la justice. Sans connaître de lassitude et de périls il continue sa chevauchée vers l'idéal. Lorsqu'un jour lui apparaît enfin celle qui comprend sa noblesse, la créature exquise et dont l'âme est si pareille à la sienne, qui va lui apporter la félicité que mérite son grand cœur. Le voilà heureux, et autant qu'on peut l'être, quand on subit si cruellement la détresse d'autrui...

Mais la journée s'avance et Stuart Merrill fait paraître *Une voix dans la foule*, ce recueil qui sera son testament de penseur et d'artiste et où son inspiration directe l'élèvera vers des cimes qu'il n'avait jamais explorées. Pour y atteindre il a le courage de se renouveler, de se dépouiller de ses artifices habituels : il renonce au vers libre, l'instrument privilégié du symbolisme, au mot rare, à l'épithète imprévue. Certes il n'oublie pas complètement qu'au temps où il inclinait vers la subtilité, il s'est écrié lui aussi : de la musique avant toutes choses ! Mais cette fois, pour rythmer et balancer ses envolées, il a recours à des harmonies d'une limpidité, d'une solennité singulières.

Et quand les vieux lieds de France viennent assister son lyrisme, c'est sur des modulations en mineur, toujours dolentes et graves, qu'ils se prolongent. Merrill a conquis le sens de la mesure, de la beauté classique ; il a maintenant le culte de la plénitude virgilienne et racinienne. C'est dans les *Poèmes de l'Amour* et les *Chânts de la Nature* qui clôturent le recueil qu'il nous a laissé ses strophes les plus spontanées et lumineuses, celles « qui feront aborder son nom aux époques lointaines ». Tour à tour il y exalte l'allégresse des fiançailles, la douce et fine beauté, le dévoûment, la tendresse, la pureté de l'élue. Certes, l'idée de la mort le frôle parfois, mais il l'envisage avec une sérénité toute grecque et il entonne aussitôt des hymnes extasiées aux ciels, aux arbres, aux couleurs, aux parfums du « beau pays des troupeaux lents » ; des appels débordants d'optimisme à cette fraternité élyséenne qui, demain, luira sur le monde. Il est vraiment, chez nous, le seul poète « social ».

. . Et va vivre ton songe en la cité des eaux !

Stuart Merrill a atteint l'âge qui conseille de se recueillir, l'âge de Versailles, où c'est toujours l'automne. Aussi s'y installe-t-il parmi le royal silence. Quel beau soir clément ce pourrait être! Mais hélas ! la maladie est venue s'asseoir à ses côtés et elle le menace de son visage blême. Avec l'espoir d'une rémission, il visite ce parc qu'a chanté sa jeunesse et dont il pénètre si bien maintenant les pensées secrètes et l'engourdissante douceur. Les images qui, jadis, n'apaisaient pas son âme sont impuissantes aujourd'hui à guérir son corps. Et il demeure le plus souvent dans son grand bureau, se récitant sans doute les vers de Francis Jammes :

Dans cette pièce où je travaille afin qu'un jour
Ceux qui ne sont pas nés comprennent mon amour...

La guerre éclate, l'attentat criminel contre la civilisation. C'est pour Stuart Merrill la faillite de tous ses rêves : le grand cœur français et humain se brise pour jamais... Au lendemain de sa mort et par les soins de Léon Vérane, vingt et un poètes français, pourtant si éloignés de Merrill par leurs tendances et leurs techniques, s'honoraient en réunissant dans une plaquette leurs hommages à la mémoire du maître. Comme je compte parmi eux plusieurs amis fidèles, je rappelle le fait avec une émotion profonde.

Notre pays gardera une éternelle reconnaissance à l'enfant adoptif qui l'avait librement préséré, puis chéri avec cette dilection. Du point de fvue spirituel, nous devons le célébrer au même titre que ses concitoyens tombés sur nos champs de bataille. Comme eux, il a bien servi la France. Il lui a légué une œuvre d'une beauté résistante et immuable qui ennoblit notre littérature et la pare de dignités inconnues. Longtemps dans les œuvres futures nous retrouverons les harmonies, les nuances et aussi les transports inventés par le plus élégiaque des compatriotes de Walt Whitman. Si j'ajoute que Stuart Merrill a révélé au monde anglo-saxon nos admirables lyriques et qu'ainsi il a fait mieux aimer notre patrie, et qu'il fut pendant trente ans pour nos artistes, pour nos écrivains, le mécène le plus libéral, le plus discret, on comprendra de quelle piété vigilante nous devons entourer son souvenir.

Revenons donc souvent dans « Versailles-aux-Fantômes », afin d'y évoquer cette belle attitude du poète, cette figure devenue, elle aussi, légendaire et dont les traits étaient les traits mêmes de la souveraine bonté.

HOMMAGE A STUART MERRILL

Poème de

M. A.-FERDINAND HEROLD

dit par Mme COLONNA ROMANO

Sociétaire de la Comédie-Française

A LA MÉMOIRE
DE
STUART MERRILL

I

Les héros ont vêtu la cuirasse, et le haume
D'or et de diamant resplendit à leur front ;
Ils passent, devant eux le cercle impur se rompt
Et leur puissante épée a conquis maint royaume.

Mais qu'au penchant d'un soir fleuri, parmi l'arome
Des roses blondes, charme adoré, charme prompt,
Une fée aux yeux clairs les voie, ils chanteront
A l'amour qui fait doux et fort un jeune psaume.

Le courage pourtant ne s'endormira point.
La grave lame est là, prête à luire, et le poing
La brandira très haut à l'alerte première.

Le combat entrepris veut le constant effort
Et les héros sacrés iront vers la lumière,
Sûrs de vaincre le mal et de vaincre la mort.

II

L'été fauve s'en va, voici le roux automne ;
La feuille lentement se dessèche aux halliers,
Les hymnes triomphaux d'hier sont oubliés
Et les chênes hautains ont perdu leur couronne.

Tandis que le jardin qui se fane frissonne,
Où sont les reines ? où les ardents chevaliers ?
Dans le palais désert, auprès des boucliers,
L'épée en deuil se rouille au fût de la colonne.

La forêt est muette et là-bas, près des flots,
Des cygnes harassés sont morts dans les sanglots
Et le vent pâle emporte et disperse leurs plumes.

Sur le bord des chemins tristes tombent des pleurs ;
Les chevaliers sont loin, très loin, et, dans les brumes,
Rêve l'esprit frileux des reines et des fleurs.

III

Héros, ne pleure pas ! Non : regarde la terre.
La grande forêt chante au seuil de ta maison ;
Écoute-la : sa voix guidera ta raison ;
Elle t'enseignera la route salutaire.

LA MAISON OU EST MORT STUART MERRILL

22, Boulevard du Roi, à Versailles

Observe la pelouse, et scrute le mystère
Du rayon lumineux qui dort dans le gazon.
La nature se livre à toi ; chaque saison
T'apporte un don, joyeux parfois, parfois austère.

Tes yeux voient palpiter au souffle pur du vent
Le hêtre, dont renaît la vigueur, et souvent
Un philtre d'amour rit aux pétales des roses.

Ton pas ferme et vaillant ne craint pas les hasards.
Ecoute, vois, et cherche à discerner les causes.
C'est un livre vivant qui s'ouvre à tes regards.

IV

Parcours d'un pas égal ton immense domaine.
Vois sur les cailloux fins et frais bondir les eaux,
Ecoute la chanson subtile des roseaux :
L'air est en fête au long de la claire semaine.

Que les bois sont joyeux quand le printemps ramène
Le sourire des fleurs et l'hymne des oiseaux !
Et là-bas, c'est la ville où, dans ses durs réseaux,
La misère aux yeux froids saisit la race humaine.

La farouche douleur nous guette d'un œil sûr,
Et le soir, dans la paix qui tombe du ciel pur,
On entend le bruit sourd des lointaines batailles.

Mais, ô marcheur, le temps viendra que tu rêvais,
Les cloches sonneront les grandes funérailles
Et le vent rouge emportera les dieux mauvais.

V

Ecoute le murmure attendri de la brise
Qui frôle doucement les clairières des bois ;
Ta mémoire fidèle y reconnaît la voix
De celle que l'amour et que la mort a prise.

Au chêne impérieux, debout dans l'aube grise,
Ta fierté sent revivre un héros d'autrefois ;
Sa frondaison lui fait une couronne, et vois
Comme il brave l'orage et comme il le maîtrise.

Parure des jardins, roses, jasmins et lys !
Fleurs d'ivresse et de rêve ! ô reines qui, jadis,
Laissiez flotter au vent du soir vos chevelures !

Baumes des prés ! Rire innombrable de la mer !
Tout palpite, et, dans l'or fécond des moissons pures,
La terre au cri puissant nous prodigue sa chair.

VI

Un nom aimé se lit au marbre de la stèle
Et voici qu'au matin un chant calme et clément
Passe dans la forêt où l'hiver, doucement,
Pare les rameaux fins d'une blanche dentelle.

Dans une tiède nuit que le printemps constelle,
Sur le jardin nouveau, plein d'un jeune ferment,
Plane un chant heureux, beau comme un beau diamant,
Un chant limpide, un chant d'espérance immortelle.

STUART MERRILL
NÉ À HEMPSTEAD (U·S·A)
LE 1ER AOÛT 1863
EST MORT DANS CETTE
MAISON LE 1ER DÉC. 1915

LA PLAQUE APPOSÉE SUR LA MAISON OÙ EST MORT STUART MERRILL

Dans le jour de l'été, parmi les chauds parfums,
Qui s'échappent des vallons d'or et des monts bruns,
Monte un chant triomphal, clair de fierté joyeuse.

Et le chant merveilleux est le chant de l'ami,
De l'ami tendre qui, la lèvre harmonieuse,
Un soir où pleurait l'automne s'est endormi.

TABLE DES MATIÈRES

TABLE DES ILLUSTRATIONS

ACHEVÉ D'IMPRIMER

le dix février mil neuf cent trente

PAR

MARC TEXIER

A POITIERS

pour le

MERCVRE

DE

FRANCE

POITIERS. — IMP. MARC TEXIER

www.ingramcontent.com/pod-product-compliance
Ingram Content Group UK Ltd.
Pitfield, Milton Keynes, MK11 3LW, UK
UKHW022106170726
13837UKWH00003B/1094

9 782329 197654